JN078791

社会面の コグトレ

コピーして使えるワークシート

認知ソーシャルトレーニング ①

トレーニング

段階式感情トレーニング
危険予知トレーニング 編

著 立命館大学 **宮口幸治**
広島大学大学院 **宮口英樹**

三輪書店

はじめに

◆認知ソーシャルトレーニングとは？

「認知ソーシャルトレーニング」とは、コグトレに含まれるトレーニングの一部です。「コグトレ」とは、「認知○○トレーニング（Cognitive ○○ Training）」の略称で、○○には以下の3つが入ります。

「ソーシャル（→社会面）Cognitive Social Training：COGST」

「機能強化（→学習面）Cognitive Enhancement Training：COGET」

「作業（→身体面）Cognitive Occupational Training：COGOT」

コグトレは子どもたちが学校や社会で困らないために、3方面（社会面、学習面、身体面）から支援するための包括的プログラムです。

コグトレシリーズは三輪書店からこれまで、以下のものが刊行されています。

・学習面の支援（COGET）

『コグトレ―みる・きく・想像するための認知機能強化トレーニング』

『やさしいコグトレ―認知機能強化トレーニング』

『もっとやさしいコグトレ―思考力や社会性の基礎を養う認知機能強化トレーニング』

・身体面の支援（COGOT）

『不器用な子どもたちへの認知作業トレーニング』

一方、社会面の支援としては、コグトレの3方面の支援がコンパクトに収録された『1日5分！ 教室で使えるコグトレ 困っている子どもを支援する認知トレーニング122』（東洋館出版社）に含まれる社会面のトレーニングでハイライト版を紹介させていただいておりました。

しかし、やはり完全版となる社会面の支援、「認知ソーシャルトレーニング（COGST）」を一刻も早く現場で使いたいという声を多数いただき、このたび本書の刊行となりました。

◆本書の構成は？

COGST は以下の 4 つのトレーニングから構成されます。

- ・段階式感情トレーニング
- ・危険予知トレーニング
- ・対人マナートレーニング
- ・段階式問題解決トレーニング

本書は上記のうち「段階式感情トレーニング」と「危険予知トレーニング」の 2 つが収録されています。

◆本書の使い方

対象者は支援者の指示のもと、ワークシートを用いながらトレーニングしていきます。主な対象は小・中学生ですが、知的なハンディをもった成人の方でも十分に使用できる内容となっています。使用にあたっては本書のワークシートをコピーしてお使いください。

なお、社会面の向上には、その土台となる、見たり、聞いたり、想像したりする認知機能の基礎力が必要です。もしお子さんの、そういった認知機能の力に不安があると思われるのであれば、本書の前に、もしくは並行して『コグトレ―みる・きく・想像するための認知機能強化トレーニング』、または『やさしいコグトレ―認知機能強化トレーニング』（いずれも宮口幸治著、三輪書店）などを使われ、認知機能を強化しておかれることをお勧めします。

子どもたちの社会面の向上において本書が少しでもお役に立てれば幸いです。

著者を代表して

児童精神科医・医学博士　**宮口幸治**

目次

第1章

認知ソーシャルトレーニング
（COGST）
とは

1 困っている子どもの さまざまな行動

　学校教育現場などで支援者が頭を抱える子どもの行動はさまざまです。現在、われわれが幼稚園から小学校・中学校での学校コンサルテーションや教育相談、発達相談などを行っている中で問題として挙がる子どものケースは、発達や学習の遅れ、発達障害、粗暴行為、自傷行為、イジメ被害、不登校、非行などがあります。そこに親の不適切養育などの家庭の課題が入り交じり、複雑な様相を呈しています。たとえば、次のような子どもの特徴は相談ケースとしてよくみられます。

- ・感情コントロールが苦手
- ・すぐにキレる
- ・人とのコミュニケーションがうまくいかない
- ・集団行動ができない
- ・その場に応じた行動ができない
- ・自信がない
- ・忘れ物が多い
- ・授業に集中できない
- ・先生や親の注意を聞けない
- ・漢字はできるが文章題が苦手
- ・授業中に立ち歩く
- ・じっと座っていられない
- ・身体の使い方が不器用

　先生や親はもちろん、子どもにとっても、どれも大変な問題ですが、なかには、こうした困難さを一人でいくつも抱えている子どももいます。それでは、こうした特徴のある子どもにはどのように対応すればよいのでしょうか？　問題解決の手がかりとなる共通の背景はないのでしょうか？

② 困っている子どもの特徴 〈5点セット＋1〉

　質や程度の差はあれ、前ページに挙げた特徴は困っている子どもたちの共通した課題だと考えられます。そしてこれらには、いくつかに分類できる類似点があります。これまでにわれわれが出会ってきた子どもたちのケースから"困っている子ども"の特徴の背景にあるものを考察して6つに分類し、"困っている子どもの特徴〈5点セット＋1〉"として以下のようにまとめました（**図1**）。保護者の養育上の問題は別として、これらを組み合わせれば、"困っている子ども"の特徴がすべてどこかに当てはまるはずです。

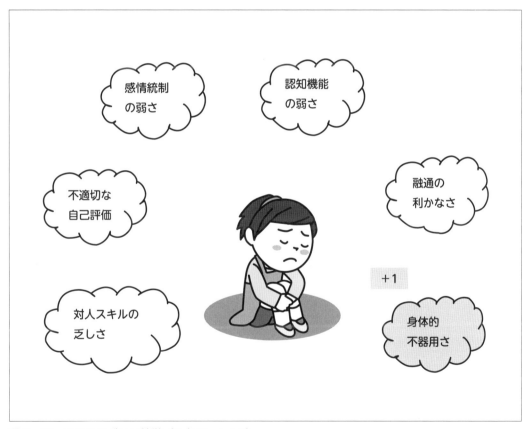

図1　困っている子どもの特徴〈5点セット＋1〉

●困っている子どもの特徴〈5点セット＋1〉

①認知機能の弱さ：見たり聞いたり想像したりする力が弱く、教育や指導を受ける土台が弱い

②感情統制の弱さ：感情をコントロールするのが苦手。すぐにキレる

③融通の利かなさ：何でも思いつきでやってしまう。予想外のことに弱い

④不適切な自己評価：自分の問題点がわからない。自信がありすぎる、なさすぎる

⑤対人スキルの乏しさ：人とのコミュニケーションが苦手

＋1　身体的不器用さ：力加減ができない、身体の使い方が不器用

なお身体的不器用さにつきましては、小さいころからスポーツなどを経験することで身体機能が優れ、身体的不器用さが当てはまらないケースもあるため、あえて「＋1」としています。

"困っている子ども"の問題を解決するには、やみくもに支援を続けても、なかなか効果は上がりません。認知機能が弱いのか、対人スキルが乏しいのか、それぞれに必要な能力は異なるからです。また、先にも申しましたように、複数の問題を抱えている子どももいます。目の前の子どもの困難さは、上記〈5点セット＋1〉のどれに該当するのかを踏まえたうえで、そのターゲットに合わせた支援やトレーニングを行うことが重要です。

では次のページから具体的な支援についてみていきましょう。

3 3方面からの子どもの具体的支援

　現在の学校教育は国語や算数といった教科教育が主ですが、勉強だけできても対人関係などの社会面の力に問題があれば、さまざまな生きにくさや非行などにもつながったりします。勉強ができても、"これをやればどうなるか？"といったことが予想できない子どもたちがいます。計画を立て実行して、間違いがあればフィードバックして修正するといった実行機能が低ければ、容易に間違った選択をします。また感情コントロールが不十分であれば正常な判断ができなくなります。われわれでもカッとなったら判断を誤ったりします。勉強だけでなく、問題解決能力や感情コントロールといった「社会面の力」がとても大切なのです。

　ただやはり、勉強はできるに越したことはありません。学習面での挫折が問題行動などにつながるケースもあります。勉強ができるようになるには、学習の土台となる見る力、聞く力、想像する力をしっかりつけていく必要があります。黒板の文字を見たり、先生の話を聞いたりする力が弱い子どもは学習面でも不利になる可能性があるのです。さらに、身体面への支援も欠かせません。身体的不器用さは、物にぶつかったり、手先が不器用だったり、体育が苦手だったりすることにつながります。また身体的不器用さを周囲に知られ自信をなくすことでイジメのきっかけになる場合もあるからです。したがって、「社会面」、「学習面」、「身体面」の3つの方面からの子どもの理解と支援が必要と考えます。

　そこで、先に述べた"困っている子どもの特徴〈5点セット＋1〉"に対応させた3方面からの支援のために開発されたのが、"コグトレ"なのです。

　"コグトレ"とは、「認知〇〇トレーニング（Cognitive 〇〇 Training）」の略称で、〇〇には「ソーシャル（Social）」、「機能強化（Enhancement）」、「作業（Occupational）」が入ります。

　　・認知ソーシャルトレーニング（Cognitive Social Training: COGST）
　　　　→社会面
　　・認知機能強化トレーニング（Cognitive Enhancement Training: COGET）[1]
　　　　→学習面
　　・認知作業トレーニング（Cognitive Occupational Training: COGOT）[2]
　　　　→身体面

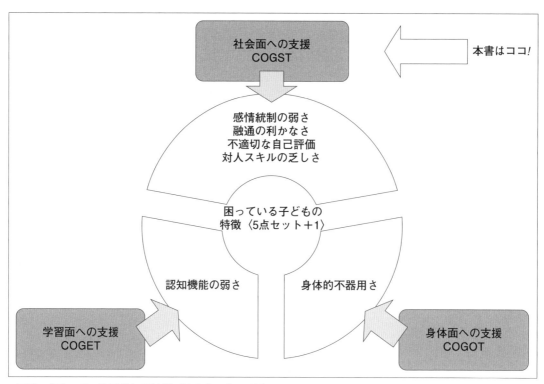

図2 「困っている子どもの特徴〈5点セット＋1〉」への
「社会面」、「学習面」、「身体面」からの具体的支援

　コグトレは、学校や社会で困らないために3方面（社会面、学習面、身体面）から子ども
を支援するための包括的プログラムです（**図2**）。本書はこのうち、社会面の支援を扱った
「認知ソーシャルトレーニング（COGST）」に相当します。
　われわれは社会にあって、他者との関わりの中で生きています。いくつかある問題の中
で、対人関係のトラブルは、子どもにとっても、非常に大きなストレスになり得ます。ま
た、われわれの自己イメージは、他者との関わりを通して形成される側面があります。で
すから社会面のトレーニングはとても大切になってきます。本書はこういった、子どもの
社会面への支援を目的としています。

文献
　1）宮口幸治：コグトレ―みる・きく・想像するための認知機能強化トレーニング．三輪書店，
　　2015
　2）宮口幸治，他（編著）：不器用な子どもたちへの認知作業トレーニング．三輪書店，2014

4 認知ソーシャルトレーニング （COGST） の構成

　先に述べたように、対人関係のトラブルはとても大きなストレスになります。対人スキルが乏しく、「思ったことをすぐに口に出す」、「相手の気持ちに立って考えられない」子どもが、集団の中でうまくやっていけないであろうことは容易に想像ができます。場合によっては、イジメにつながってしまうことも考えられます。さまざまな場面を想定した、丁寧なトレーニングが必要になってきます。

　認知ソーシャルトレーニング（COGST）は、われわれの臨床経験や研究成果を基に開発したもので、以下の4つのトレーニングから構成されています。

・**段階式感情トレーニング**：感情を効果的にコントロールできるよう、無理なく段階的にトレーニングしていきます。5段階からなります。
・**危険予知トレーニング**：子どもたち自身が自分の身を自分で守るために、事前にさまざまな危険を予知できるようトレーニングしていきます
・**対人マナートレーニング**：対人スキルの向上のために、その基礎となる対人マナー力（挨拶をする、お礼を言う、謝罪する、頼む、断るなど）の向上を目的としたトレーニングを行っていきます。
・**問題解決トレーニング**：何か問題が生じた際に、いくつかの解決策を挙げながら自分でそれらの問題を解決していく力がつくようトレーニングしていきます。

　本書にはCOGSTの一部として、「段階式感情トレーニング」と「危険予知トレーニング」の2つが収録されています。

MEMO

第2章

段階式感情トレーニング
Staged Emotional
Training: SET

1 段階式感情トレーニングの背景

　本章で扱う段階式感情トレーニングの背景は、以下の内容からなっています。ここでは、はじめに「なぜ段階式感情トレーニングが必要なのか」、次に「感情の中で特に厄介な"怒り"の原因は何か」を考えていきます。そして、「感情の対象」についてもここで整理しておきます。感情には「自分の感情」と「他者の感情」があり、自分の感情は"うまくコントロールすること"が、他者の感情は"正しく理解すること"が求められますので、自分の感情と他者の感情は分けて扱っていく必要があります。

1. なぜ段階式感情トレーニングが必要なのか？ ──感情は冷静な思考を妨げる
2. 感情の中で特に厄介な"怒り"──"怒り"の原因は何か？
3. 感情の対象──自分の感情と他者の感情

1. なぜ段階式感情トレーニングが必要なのか？ ── 感情は冷静な思考を妨げる

　人の感情の形成には、大脳新皮質より下位部位の大脳辺縁系が関与しているとされています。五感（見る、聞く、触れる、匂う、味わう）を通して入った情報が認知の過程に入る際には「感情」というフィルターを介しますので、感情の統制（コントロール）がうまくいかないと、認知過程にもさまざまな影響を及ぼす可能性があります。大人でも、カッとなって感情的になると冷静な判断がしにくくなります。子どもならなおさらです。したがって、感情統制の弱さはさまざまなかたちで不適切な行動にもつながっていきます。

　図1を見てください。給食の時間の出来事です。子どもたちがおかずの列に並んでいるところですが、割り込んだ子（B君）がほかの子（A君）にとがめられています。後ろで見ている子（C君）は、「A君はそこまで怒らなくてもいいのに。B君は謝ればいいのに」と感じているようです。A君はちゃんと並んでいたのに割り込まれたのでカッとなり、B君はA君が並んでいたことに気がつかず、ワザと割り込んだわけではないのにA君から突然キレられて驚いています。冷静かつ客観的になれればC君のように相手の気持ちを考えられますが、自分がその立場になると、A君やB君のように怒りや驚きのため気が動転して、適切な行動がとれないのです。特に"怒り"の感情は冷静な思考を妨げてしまいます（**図2**）。

　学校などで問題になるのは、このように感情的になって不適切な行動につながることでしょう。冷静な思考がうまく働くためにも、感情的にならないこと、つまり感情のコントロールが大切です。

C君　　　A君　　　B君

図1　給食時のトラブルの例

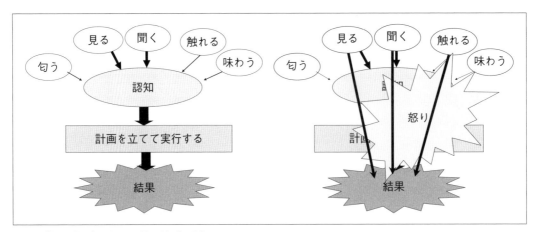

図2 "怒り"が正常な思考を妨げる例
「五感」→「認知」→「計画を立てて実行する」→「結果」の流れにおいて、"怒り"の感情が
冷静な思考を妨げ、反射的な行動"キレる"につながる

　感情のコントロールが大切なもう一つの理由に、感情が多くの行動の動機づけになって
いることがあります。今、これを読まれている皆さんは、なぜ読まれているのでしょう。
この本のタイトルを見て、または目次を少し読んでみて、中身を読んでみたいと思われた
からではないでしょうか？　われわれは、「あのアーティストのコンサートに行きたい」、
「久しぶりに友だちと会いたい」という感情（欲）があるからこそ、コンサートに行ったり
友人と会ったりするのです。"○○したい"という感情（欲）があるから、何らかの行動が
生起されるのです。熱いものを触ってサッと手を引っ込めるなどの無条件反射を除くと、
感情がほぼすべての行動を支配しているといっても過言ではないでしょう。

　ですから、逆に感情をうまくコントロールすることで、不適切な行動を減らすだけでは
なく、適切な行動を増やしたり、物事へのやる気を出させたりすることも可能なのです。

2. 感情の中で特に厄介な"怒り"
── "怒り"の原因は何か？

感情の中で特に厄介なのは"怒り"です。怒って不機嫌になる、暴言を吐く、暴れて物を壊す、友だちにけがをさせるなど、行動がエスカレートすればさまざまな問題行動につながりかねません。

では、"怒り"の原因は何でしょうか？　以下に、怒って暴れる子どもの例（**図3**）を使ってご説明します。

暴れている子どもの行為は、それ自体が問題（①行動の問題）です。しかし暴れている子どもも、その前の段階で"むかつく"、"腹が立つ"といった"怒り"の感情（②感情の問題）が生じているはずです。では、その"怒り"の感情はどこから生じたのでしょうか。子どもたちのみならず、大人でも"怒り"のもとになるのが、たとえば"馬鹿にされた"といったとらえ方（③思考の問題）によるものです。このように、それぞれの子ども個人の思考パターンによって怒りの程度が異なってきます。

ここにA君とB君がいるとします。2人がある同じ作業をやった際に、近くにいたCさんから、「2人とも、それは違うよ」と言われたとします。これをA君が「うるさい、馬鹿にしやがって」と受け止めるのに対し、B君は「Cさん、親切にありがとう」と受け止めるとしますと、同じCさんからの「それは違うよ」という声かけに対し、2人は違ったとらえ方をしていることになります。被害的に受け取るか、好意的に受け取るかは、それぞれの思考パターンによります。どちらが"怒り"につながるかは、容易に想像できると思います（**図4**）。

では、「馬鹿にしやがって」というA君の被害的な思考パターンは、どうやって生まれるのでしょうか？　多くの場合、それまでの対人関係のあり方（親からの虐待やイジメ被

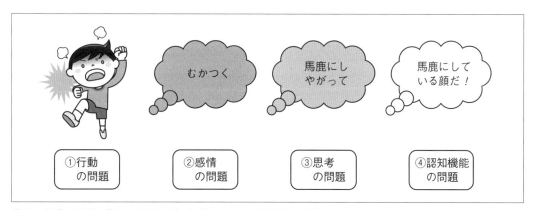

図3　行動の問題（怒って暴れる）を起こしている子どもの例

図4　思考パターンの違いによる感情の違い

害を受けていたなど）に基づく要因や、A君の"自信のなさ"が関係しています。

　自分に自信がないとどうしても「また俺の失敗を指摘しやがって」と攻撃的になったり、「どうせ俺なんていつも駄目だし……」と過剰に自分を卑下したりして、他者の言葉を好意的に受け取れないのです。自信がもてない原因には、"対人関係がうまくいかない"、"勉強ができない"、"じっと座っていられず注意ばかりされている"、"忘れ物が多く、いつも叱られている"、"スポーツができない"、"運動が苦手"などがあります。さらに、そうなる原因として発達障害、知的障害、境界知能があることもあります。

　また、対人関係のあり方や自信のなさといった要因以外に、見たり、聞いたり、想像したりする力の弱さから、A君はCさんの表情が"馬鹿にしている"ように見える（④認知機能の問題）ということも考えられます。これらは、にらんでいないのに「あいつが俺をにらみやがった」、笑っていないのに「俺の顔を見て笑いやがった」、違うことを言っていたのに「俺の悪口を言いやがった」といった勘違いで暴力行為に至っていた非行少年たちによくみられたことでした（図5）。

　ですから、たとえば暴れている子どもに対しては、行動の問題だけでなく、感情、思考、認知機能の問題すべてを対象に扱っていく必要があるのです。

　ところで、"怒り"につながる不適切な思考の例としてはほかに、"自分の思い通りにならない"というものもあります。これは、"相手への要求が強い"、"固定観念が強い"といったことが根底にあります。相手に"こうしてほしい"と願う要求の強さや、"僕は正しい"、"こうあるべきだ"といった強い自己愛や固定観念が、不適切な行動につながる場合もあるのです。たとえば、道で人とすれ違ったときに肩がぶつかったとして、こっちが謝ったのに相手が何も言わなければ、少しムカッとすることがあるかもしれません。それ

図5　認知機能の弱さ（見る力の弱さ）に起因する思考の問題

図6　固定観念が強いことで生じる"怒り"

は「こちらが謝ったから何か言うべきだ」、「ぶつかったら謝るべきだ」といった固定観念
があるからなのです（**図6**）。当然、相手が自分の思い通りに動いてくれることは稀です。
すると、自分の固定観念に反した相手の反応に対する"怒り"が生じ、その行動は"怒り"
に基づいたものとなり、この"怒り"がうまく処理できないと、突然キレて相手に殴りか
かったりするのです。段階式感情トレーニングではこういった固定観念をいかに崩してい
くかもポイントになります（⇒本章②-4）「違った考えをしてみよう」で扱います）。

段階式感情トレーニングに入る前に、もう一つ整理しておくことがあります。それは、対象とすべき感情が「自分の感情」なのか「他者の感情」なのか、といった点です。"自分の感情がコントロールできない"ことでももちろんトラブルになりますが、"他者の感情を理解できない"といったこともトラブルのもとになりますので、段階式感情トレーニングで扱うべき大切な内容です。

最初に「自分の感情」について整理しますと、次のような段階があります。

1) 自分の感情

① 自分の感情に注意を向けることができる

自分の感情をコントールするには、まず自分自身を見つめ、自分の感情に注意を向けることができるという段階から始めます。

気持ちを言葉で表すのが苦手、すぐ「イライラする」と言う、カッとするとすぐに暴力や暴言が出る、という子どもたちがいます。こういった子どもたちは、"今、自分は感情的になっている"ということに気づいていない場合が多々あります。何か不快なことがあると心の中がモヤモヤしますが、あえて自分に向き合うことがないと、いったい自分の心の中で何が起きているのかに気づかず、このモヤモヤが蓄積し、やがてストレスへと変わっていきます。ですから、まず「自分の感情に注意を向ける」ことが大切なのです。

② 自分の感情がわかる

「自分の感情がわかる」とは、たとえば、ある不穏がみられた子どもに、「怒り」や「悲しみ」などの感情（もしくはその表情など）を書いた紙を示し、そのときの気持ちに当てはまるものに○をつけてもらうような場合に、しっかりと正しく自分の感情を選んで○をつけられるという段階です。

前の段階で自分の感情に注意を向けることができたとしても、次は、"今、自分はどんな気持ちか？"を認識することができないといけません。感情には主に以下のようなものがあるとされていますが、今、どの気持ちなのかをしっかり区別して理解できているかがポイントです。

・喜び、怒り、悲しみ、驚き、恐怖、嫌悪、苦痛

③ 自分の感情を言語化できる

　自分の感情が理解でき、自分の気持ちは今こうだと示すことができたとして、次は、ではどうしてそんな気持ちになったのか、こういうことがあったからこんな気持ちになった、という経緯を言葉で表現したりノートに書いたりできるという段階です。

④ 自分の感情をコントロールできる

　最終段階は、あることが原因で、ある不快な気持ちになった、怒りの気持ちが出てきたということに気がつき、ある程度それを言語化できたとして、次に自分の感情をコントロールしてその不快な気持ちや怒りを減らしていくことができるという段階です。

　以上のように、段階式感情トレーニングをするとしても、目の前の子どもが今どの段階にいるのか、だからどんな支援が必要なのかを支援者が把握しておくことが大切です。
　次に「他者の感情」ですが、理解の程度によって次のような段階が考えられます。

2）他者の感情
① 相手の表情に気づく、相手の表情を読める

　相手の感情を知るには、まず相手の表情を認知する必要があります。そのためには"相手に注意を向けること"と"相手の表情を読むこと"の 2 つの作業をしなくてはなりません。相手への注意については、ほかのことを考えている、スマートフォンに夢中になっているなどで相手の表情に気がつかないこと（**図7**）がありますので、相手との距離を適切に保つ（離れすぎていたら表情がわからない）、相手に身体や顔を向ける、相手の目を見る、といったことに気をつけねばなりません。

図7　スマートフォンに夢中になって相手に注意を向けられず、相手の表情に気がつかない例

相手に注意を向けることができれば、次は相手の顔を見て、「悲しそう」、「怒っているみたい」、「何か困っているのかな」と表情を読む段階に移りますが、相手の顔のどこに注意を向けるか、顔以外にヒントになるところはないか（手の位置など）、といった情報にも気を配る必要があります。

視覚認知の力が弱く、この段階が難しい子どももいます。他者の表情が読めないなど視覚認知そのものが弱い場合は、視覚認知のためのトレーニング（たとえば、『コグトレ―みる・きく・想像するための認知機能強化トレーニング』など[1),2)]を先に行ったほうがいいでしょう。

② 相手の感情を状況から察することができる

相手の表情がわかったうえで、どうしてそんな気持ちになったのかをその他の状況から察することができる段階です。

たとえば、友だちが悲しそうな顔をしているとします。そこで、その子の親に聞いて"飼っていたペットの犬が死んだ"という事実を知ったときに、「ペットが死んだから悲しかったんだな」と相手の感情を状況から察することができます。しかし、もしここで「ペットが死んだくらいで悲しむのはおかしい」と思ってしまうと、相手が悲しそうな顔をしていたとしても、どうしてなのか理解できないのです（**図8**）。この段階には、ある程度の道徳的判断の発達が必要になってきます。

③ 他者に共感できる、相手の背景まで想像することができる

この段階は一般に"共感"と呼ばれるもので、相手の立場になって考えて感じることができるレベルです。

たとえば、ペットの犬が死んだ友だちには兄弟がいなくて、その犬を弟のように思って

図8　ペットが死んで悲しんでいる友だちの感情が理解できない例

ずっとかわいがっていたのなら、「一人っ子の彼にとっては仲のよかった弟が死んだくらいかもしれない。それだったら僕も耐えられない」と、その背景まで理解して相手の気持ちを感じ取ることができます。共感は大人でもかなり難しいレベルですので、子どもの成長の先にあると考えておきましょう。

④ 他者の悩み相談にのることができる（問題解決も含む）

　これは、相手の状況を理解し共感したうえで、相手に寄り添い、どうしたらいいかを共に考えていける段階です。

　悩み相談といっても、相手に「こうしたらいい」と助言するのではなく、相手がいかに自分の力で課題を乗り切っていけるかを支援していくことができるレベルです。一般的には心理カウンセラーにこの段階が求められますので、このレベルに子どもたちが達しなくても問題ありません。ここも子どもの成長の先にあると考えておきましょう。

　教育の現場では、「この子にはもっと人の気持ちを考えてほしい」、「この子は人の気持ちを考えるのが苦手」、「この子は人の気持ちを考えずに行動する」といった声が聞こえてきますが、"人の気持ちがわかる"といっても、どの段階を示しているのかを整理しておく必要があります。

文献

1) 宮口幸治：コグトレ―みる・きく・想像するための認知機能強化トレーニング．三輪書店，2015
2) 宮口幸治：やさしいコグトレ―認知機能強化トレーニング．三輪書店，2018
3) 宮口幸治（編著），青山芳文，他（著）：もっとやさしいコグトレ―思考力や社会性の基礎を養う認知機能強化トレーニング．三輪書店，2020

② 段階式感情トレーニングの方針と構成

　では、ここから具体的な段階式感情トレーニングに入っていきます。

　感情トレーニングが必要な子どもは、そもそも感情表現も苦手なことが多いようです。しかし、さまざまな現場で感情トレーニングとしてよく行われているのが、いきなり今の気持ちを考えさせ、表現させようとするやり方です。「あの子は気持ちを表現するのが苦手だから、もっと気持ちを出す練習をしなければ」と言われる先生や、少し工夫して表情カードを用意し、「今どんな気持ち？」とカードを選ばせて、その次に「そうなんだ。どうして？　何があったの？」と聞いていくやり方を行う先生もおられます。

　これらを逆に自分がされるとおわかりと思いますが、とても心理的負担があります。自分の気持ちを直面化させ、表現するのはとてもしんどいことなのです。言われてすぐに気持ちを言えるようであれば、そもそも感情トレーニングの必要がない子どもたちです。このような感情の理解とコントロールが苦手な子どもたちに対しては、むしろできるだけ心理的負担を減らすように、トレーニングを段階的に行っていく必要があります。

　ここでは、子どもに心理的負担をかけないよう、他者感情の理解から自己感情の理解とコントロールへと段階的に行っていくように構成された段階式感情トレーニング（Staged Emotional Training: SET）を行っていきます。SET の具体的手順として、**図 9** には「段階式感情トレーニング（SET）の流れ」（上段）と「他者の感情と自分の感情の段階に対応したトレーニング」（下段）を紹介しています。

　「1）この人はどんな気持ち？」、「2）この人たちはどんな気持ち？」、「5）思いやりトレーニング」はそれぞれ、ワークシートが 10 シートあります。「3）感情のペットボトル」は 1 回、「4）違った考えをしてみよう」は 10 回程度行うとすれば合計で 41 回分ありますが、「1）この人はどんな気持ち？」を 1 回に 2 シートずつ行えば 36 回（週 1 回として 36 週、約 9 カ月）で終えることができます。子どものそれぞれの課題に対して強弱をつけていくなどの工夫（たとえば、「4）違った考えをしてみよう」に多くの回数をかけるなど）をしてもいいでしょう。

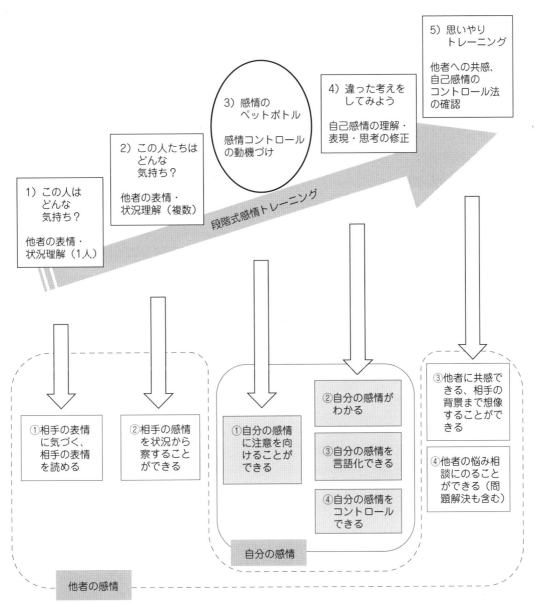

図9 段階式感情トレーニング（SET）の流れ（上段）
　　　他者の感情と自分の感情の段階に対応したトレーニング（下段）

1）この人はどんな気持ち？
—— 他者の表情・状況理解（1人）

　自分の気持ちを言うのは心理的負担がかかりますが、ある人の写真やイラストを見て、どんな気持ちだろうなと想像することはそれほど困難ではありません。人の気持ちについては比較的容易に言えます。ですから、まず自分の感情に向き合う前に他者感情を表現するところから始め、感情を表現することへの抵抗感をなくしていくことを目指します。トレーニングに際しては、この人がどんな気持ちでいるのか考えることはもちろん、感情は顔だけでなく手足・身体全体でもサインを出していることなどの理解も促していきます。

2）この人たちはどんな気持ち？
—— 他者の表情・状況理解（複数）

　次に、複数の人たちが何か話し合っている光景を想定します。ここでは、複数の人たちの表情・状況シートを見せ、"それぞれどんな気持ちか？　何があったか？"を考えてもらいます。対象が1人の場合に比べて、2人以上になると他者の感情を考えることは急に難しくなります。その人たちの関係性やその場の状況を理解して、その気持ちを想像する必要があるからです。しかし、通常の子どもたちが過ごす集団生活は、ほとんどこちらのケースです。私たちは常に複数の人たちの気持ちを瞬時に理解して対応していくという、とても高度なことを要求されています。これがうまくいかないと対人関係のトラブルにつながる可能性もありますので、ここでしっかりトレーニングします。

3）感情のペットボトル
—— 感情コントロールの動機づけ

　他者の感情を表現することに慣れてきたら、いよいよ自分の感情に目を向ける番です。でも自分の感情を扱う前に、どうして自分の感情を表現する必要があるのかについて、この段階ではワークシートではなく、身体を使って気づいてもらいます。実際には、感情のラベルを貼って水を入れた複数のペットボトルを袋に入れて担がせ、気持ちを溜め込むのはしんどいことだと身体で感じさせます。次に、ペットボトルを1本ずつ袋から出していくと楽になること、つまり感情を表現すると楽になることも体感してもらいましょう。

4) 違った考えをしてみよう
── 自己感情の理解・表現・思考の修正

ここで初めて自分の感情を表現していきます。ここでは表現するためのツールとして、「違った考えをしてみよう」シートを使用します。この方法は、自分の思考・感情パターンを知り、否定的な思考を修正して感情を変えていく、認知行動療法を利用しています。

何か不快なことがあって怒りが生じても、時間が経てばストレスは次第に減っていきますが、怒りを生じさせる不快なことが続けばどんどんとストレスも溜まっていきます。するとそれを発散せねばなりません。その発散方法を間違えれば、いきなりキレて暴力事件や傷害事件、性加害といった犯罪を起こすという結果につながりかねません。こういった怒りの不快な感情を抑えるには、

- ・深呼吸する
- ・スポーツや趣味など好きなことでストレスを発散する
- ・不快なことが生じる状況を避ける
- ・得意なことを身につけて自信をつける
- ・誰かに相談する
- ・我慢する
- ・怒りが生じないように考え方を変える

などが考えられますが、感情を表現するだけではなかなか不快な気持ちは減りません。その感情のもとになった出来事を解決しなければ、いつまでもその気持ち（たとえば"怒り"）が持続します。しかし、困った出来事そのものを解決するのはとても困難です。先に挙げた方法のうち、一人で簡単にできて即効性があり、継続して使えるもので最も効果的なのは、やはり、最後の"怒りが生じないように考え方を変える"だと考えられます。ただし、怒って暴れているときには効果的ではありませんから、そうならないように予防していくのです。

そこで「違った考えをしてみよう」シートを使って、出来事に対する考え方・とらえ方（固定観念）を変えることで気持ちをコントロールしていきます。状況は何も変わっていなくても、考え方を変えるだけで気持ちも変わるということを体験してもらいます。このトレーニングは十分に時間をかけて行う必要があります。終了する目安は、違った考えをシートに書かなくても、頭の中で思い浮かべ、怒りなどを抑えることができるようになることです。週1回程度取り組んでもらったとして、3カ月程度は続けましょう（回数でいえば、少なくとも10回以上は行ったほうがいいでしょう）。

5）思いやりトレーニング
──他者への共感、自己感情のコントロール法の確認

　感情トレーニングの応用段階です。友だちの困った状況を設定し、その中で友だちの感情に寄り添い、アドバイスすることで、他者への共感力や思いやりの力を養います。これまでの「この人（この人たち）はどんな気持ち？」、「違った考えをしてみよう」で学んだことを応用して、その状況を読み取り、怒りや悲しみなどの感情を抑えるためにどう思考を変えたらいいかなどを考えてもらいましょう。

　さらに、他者へ適切にアドバイスできるように、より現実的・具体的に考えることで自己の感情コントロールの方法も再確認し、定着できることを目指します。

　では、さっそく各トレーニングを進めていきましょう。ワークシートには支援者が参考にできる記入例も掲載しています。

1）この人はどんな気持ち？
── 他者の表情・状況理解（1人）

・・・▶ **ねらい**

　提示された1人の表情・状況シートを見ながら、その人の気持ちや状況を想像してみることで、他者（1人）の感情などを理解します。

・・・▶ **準備するもの**

・「この人はどんな気持ち？」❶〜❿のワークシート（pp28〜37）

・・・▶ **進め方**

・トレーニングを受ける子どもに、表情・状況シートの人が「今、どんな気持ちか？」、「いったいどのようなことがあって、そのような気持ちになったのか？」について、指示に従って空欄を埋めてもらいます。

・グループで行う際には、まず空欄を埋めてもらってから、一人ずつ順に発表してもらいましょう。

・できるだけ時間制限は設けずに取り組んでください。

・・・▶ **ポイント**

・まず感情というものに関心をもってもらう必要があります。感情にはどのようなものがあるか（怒り、喜び、悲しみ、驚き、さびしい、悔しい、困った、焦る、つらい……など）を同時に確認していきましょう。

・ここでは他者に注意を向けて、その人が何を考えどう感じているのかを想像し、表現する練習をしますので、少しでも多くの気持ちや状況を出してもらうことが大切です。

・感情は顔のパーツだけでなく、視線の向きや手足・姿勢、身体全体でサインを出していることも確認していきます。たとえばワークシート❷ですと、「口を開け、頬に手を当て、目を見開いている」という情報だけで、表情を見なくても、困っているか驚いているかの光景が目に浮かんできます。また、ワークシート❼のように腕組みしている人を見ると、少なくともリラックスして喜んでいる感情とは結びつきにくいでしょう。

・グループで行う際には、ほかの子はどう考えてどう感じたのかを知ることで、人によっていろいろな考え方があることにも気づいてもらいましょう。

····▶ 留意点

- 他者の表情を見てどう感じるかは人によって異なり、強制的に"こう感じなければならない"といった指導をすると自由に柔軟に感じることを妨げてしまいかねません。可能であれば、グループでほかの参加者はどう感じているのかをお互いに知り、「そういった感じ方もあるのか」と気づいてもらうことが効果的です。
- 他者感情を想像するうえで正解はありませんので、対象者が提示された表情や状況と明らかに違う気持ちを表現しても間違いを正したり否定したりせず、「そういう見方もありますね」と肯定的なフィードバックをしてから、「ほかにはどう見えますか？」と質問しましょう。

この人はどんな気持ち？ ❶

下の人は今、どんな気持ちでしょうか？　どのようなことがあって、どのような気持ちなのかを想像して書きましょう。

実は……<u>お母さんが勉強しろとずっと言ってくるのではらが立って、お母さんとケンカをした</u>　ということがあって……

おこっている

という気持ちなの。

この人はどんな気持ち？ ❶

下の人は今、どんな気持ちでしょうか？　どのようなことがあって、どのような気持ちなのかを想像して書きましょう。

実は……

_____

_____

　　　　　　　　　　　　　　　　　　　ということがあって……

という気持ちなの。

この人はどんな気持ち？ ②

下の人は今、どんな気持ちでしょうか？　どのようなことがあって、どのような気持ちなのかを想像して書きましょう。

実は……

_____

_____

_____ ということがあって……

という気持ちなの。

この人はどんな気持ち？ ③

下の人は今、どんな気持ちでしょうか？　どのようなことがあって、どのような気持ちなのかを想像して書きましょう。

実は……
_____
_____
_____ ということがあって……

という気持ちだよ。

この人はどんな気持ち？ ④

下の人は今、どんな気持ちでしょうか？　どのようなことがあって、どのような気持ちなのかを想像して書きましょう。

実は……
＿＿＿＿＿＿＿＿＿＿＿＿＿＿＿＿＿＿＿＿＿＿＿
＿＿＿＿＿＿＿＿＿＿＿＿＿＿＿＿＿＿＿＿＿ということがあって……

という気持ちだよ。

この人はどんな気持ち？ ⑤

下の人は今、どんな気持ちでしょうか？　どのようなことがあって、どのような気持ちなのかを想像して書きましょう。

実は……

_____

_____

_____　ということがあって……

という気持ちなの。

この人はどんな気持ち？ ❻

下の人は今、どんな気持ちでしょうか？　どのようなことがあって、どのような気持ちなのかを想像して書きましょう。

実は……

＿＿

＿＿＿＿＿＿＿＿＿＿＿＿＿＿＿＿＿＿＿＿＿＿　ということがあって……

という気持ちだよ。

下の人は今、どんな気持ちでしょうか？　どのようなことがあって、どのような気持ちなのかを想像して書きましょう。

実は……

_____

_____

_____　　　ということがあって……

という気持ちだよ。

下の人は今、どんな気持ちでしょうか？　どのようなことがあって、どのような気持ちなのかを想像して書きましょう。

実は……

_____

_____

_____ ということがあって……

という気持ちなの。

この人はどんな気持ち？ ❾

下の人は今、どんな気持ちでしょうか？　どのようなことがあって、どのような気持ちなのかを想像して書きましょう。

実は……

_____

_____

_____　ということがあって……

という気持ちです。

この人はどんな気持ち？ ⑩

下の人は今、どんな気持ちでしょうか？　どのようなことがあって、どのような気持ちなのかを想像して書きましょう。

実は……

_____

_____

_____　ということがあって……

という気持ちなの。

MEMO

2) この人たちはどんな気持ち？
── 他者の表情・状況理解（複数）

••••▶ **ねらい**

　提示された複数の人たちの表情・状況シートを見ながら、その人たちの気持ちや状況を想像してみることで、他者（複数）の感情などを理解します。

••••▶ **準備するもの**

・「この人たちはどんな気持ち？」❶〜❿のワークシート（pp42〜51）

••••▶ **進め方**

・トレーニングを受ける子どもに、表情・状況シートの人たちが「それぞれ今、どんな気持ちか？」、「いったいどのようなことがあって、そのような気持ちになったのか？」について、指示に従って空欄を埋めてもらいます。

・グループで行う際には、まず空欄を埋めてもらってから、一人ずつ順に発表してもらいましょう。

・できるだけ時間制限は設けずに取り組んでください。

••••▶ **ポイント**

・その人たちが置かれている状況や関係性が変われば、同じ表情であっても、想像される感情が変わってきます。シートの中の人たちの視線はどこに向けられているのか、そしてどのような表情をしているのか、まずそこを確かめてから考えてもらいましょう。

・いろいろな状況や感じ方を自由に書いてもらいましょう。可能であればグループ内で話し合って、いろいろな意見を言ってもらいましょう。

・1人の場合に比べて、2人以上になると他者の感情を考えることは急に難しくなります。しかし、学校や会社、家庭などで私たちは集団生活をしていますので、1人の表情を読み取るだけでなく、複数の人たちの表情を瞬時に同時に読み取り状況を理解していくことが求められます。ですから、このトレーニングは「1）この人はどんな気持ち？」より実践的といえるでしょう。

••••▶ **留意点**

・複数の人たちの感情を想像するのは、それぞれの関係性を考える必要もあり、とても難しいことです。これらに正解はありませんので、いろいろな状況を想像してもらい、気

持ちを考えてもらいましょう。

・ここでも、対象者が提示された表情や状況と明らかに違う気持ちを表現しても、間違いを正したり否定したりしないほうがいいでしょう。可能ならグループで実施し、「僕はこう考えたけど、ほかの人は違うように考えた。いろいろな見方があるんだ」と気づいてもらえるように進めましょう。

・ここでは特に、ほかの人たちはどう考えどう感じたのかを知ることが大切です。1人の表情の場合と比べて、さらにさまざまな考え方があること、いろいろな価値観があることを学んでもらいましょう。

この人たちはどんな気持ち？ ❶

下の人たちは今、どんな気持ちでしょうか？ どのようなことがあって、どのような気持ちなのかを想像して書きましょう。

実は……　学校で友だちにからかわれて、家に帰ってから部屋にこもって一歩も出てこない　　　　　　　　　　ということがあって……

心配だから
話がしたい
という気持ちだよ。

しばらく1人にして
という気持ちよ。

この人たちはどんな気持ち？ ①

下の人たちは今、どんな気持ちでしょうか？　どのようなことがあって、どのような気持ちなのかを想像して書きましょう。

実は……

_____

_____

_____ ということがあって……

という気持ちだよ。

という気持ちよ。

下の人たちは今、どんな気持ちでしょうか？　どのようなことがあって、どのような気持ちなのかを想像して書きましょう。

実は……

＿＿＿＿＿＿＿＿＿＿＿＿＿＿＿＿＿＿＿＿＿＿＿＿＿＿＿＿＿＿＿＿＿

＿＿＿＿＿＿＿＿＿＿＿＿＿＿＿＿＿＿＿＿＿＿＿　ということがあって……

という気持ちです。

という気持ちなの。

下の人たちは今、どんな気持ちでしょうか？　どのようなことがあって、どのような気持ちなのかを想像して書きましょう。

実は……

＿＿＿＿＿＿＿＿＿＿＿＿＿＿＿＿＿＿＿＿＿＿＿＿

＿＿＿＿＿＿＿＿＿＿＿＿＿＿＿＿＿＿　ということがあって……

という気持ちだよ。

という気持ちだよ。

という気持ちよ。

この人たちはどんな気持ち？ ④

下の人たちは今、どんな気持ちでしょうか？　どのようなことがあって、どのような気持ちなのかを想像して書きましょう。

実は……

_____

_____

　　　　　　　　　　　　　　　　　　ということがあって……

_____

という気持ちよ。

という気持ちだよ。

この人たちはどんな気持ち？ ❺

下の人たちは今、どんな気持ちでしょうか？　どのようなことがあって、どのような気持ちなのかを想像して書きましょう。

実は……

_____

_____

_____ ということがあって……

という気持ちです。

という気持ちだよ。

下の人たちは今、どんな気持ちでしょうか？　どのようなことがあって、どのような気持ちなのかを想像して書きましょう。

実は……

_____

_____

_____ ということがあって……

という気持ちよね。

という気持ちだわ。

この人たちはどんな気持ち？ ❼

下の人たちは今、どんな気持ちでしょうか？　どのようなことがあって、どのような気持ちなのかを想像して書きましょう。

実は……

_____

_____

ということがあって……

という気持ちよ。

という気持ちです。

という気持ちだよ。

この人たちはどんな気持ち？ ⑧

下の人たちは今、どんな気持ちでしょうか？　どのようなことがあって、どのような気持ちなのかを想像して書きましょう。

実は……

_____

_____ ということがあって……

という気持ちだよ。

という気持ちよ。

下の人たちは今、どんな気持ちでしょうか？　どのようなことがあって、どのような気持ちなのかを想像して書きましょう。

実は……

_____

_____

ということがあって……

という気持ちだよ。

という気持ちよ。

下の人たちは今、どんな気持ちでしょうか？　どのようなことがあって、どのような気持ちなのかを想像して書きましょう。

実は……

＿＿＿＿＿＿＿＿＿＿＿＿＿＿＿＿＿＿＿＿＿＿＿＿＿＿＿＿＿

＿＿＿＿＿＿＿＿＿＿＿＿＿＿＿＿＿＿＿＿＿＿＿＿＿＿＿＿＿

＿＿＿＿＿＿＿＿＿＿＿＿＿＿＿＿　ということがあって……

という気持ちだよ。

という気持ちよね。

MEMO

3) 感情のペットボトル
——感情コントロールの動機づけ

····▶ **ねらい**

　なぜ感情を表現する必要があるのかを、ペットボトルを使って身体で感じてもらい、感情を表現することへの動機づけを行います。

····▶ **準備するもの**

・5×10 cm ほどの大きさの紙：6 枚。それぞれに感情（"うれしい"、"いかり"、"さびしい"、"きらい"、"かなしい"、"こわい"）を書く。

・500 mL のペットボトル：5 本（4 本は水を入れておくが、1 本だけ空にしておく）

・2 L のペットボトル：1 本（水を入れておく）

・上記のペットボトルがすべて入る大きさの丈夫な袋（またはリュックサック）：1 つ

・空の 500 mL のペットボトルには "うれしい" を、2 L のペットボトルには "いかり" を、残りの 500 mL のペットボトル（水入り）には "さびしい"、"きらい"、"かなしい"、"こわい" を貼っておく（**図 10**）。

図 10　感情のペットボトルのイメージ

▶ 進め方

- 袋（またはリュックサック）に、用意したペットボトルを、そこに貼られた感情を読み上げながら順に入れていきます。すべてのペットボトルが袋に入ったら、子どもに担がせてみます。そして「気持ちを出さずに溜め込むことはこんなにしんどいことだよ」と伝えます。次に1本ずつペットボトルを袋から出していきます。続けてこう伝えます。「気持ちを出すことで、どんどん楽にならない？」。

- そして、"いかり"のペットボトルを出すことでどれだけ楽になったかを聞いてみます。そのあと「"いかり"の気持ちは一番しんどいよね。だから、外に出さなくちゃ。でも、"いかり"を出すときにそのペットボトルを相手に投げつけたらどうなるかな？」と尋ねてみましょう。正解が出なければ「ぶつけられた相手がけがをするかもしれないね。だから"いかり"を出すときは、親や先生にそっと渡してね」と伝えます。

▶ ポイント

- 気持ちを溜め込むととても重くてしんどいことを、ペットボトルがたくさん入った袋を担いでもらい疑似体験させます。そして1本ずつペットボトルを出すと少しずつ身体が楽になっていくことを体感させて、気持ちを出す（表現する）ことの大切さを知ってもらいます。

- 中でも、2Lある"いかり"のペットボトルを出すとすごく楽になります。つまり"いかり"を抱え込むのが一番しんどいのだということも伝えましょう。しかし"いかり"を出すとき、出し方を間違えると問題になります。感情を表現するときは、その"出し方も大切"だということを理解してもらいましょう。

- "うれしい"のペットボトルは空なので、入っていてもしんどくないことも知ってもらいましょう。

▶ 留意点

- 袋（またはリュックサック）に入れるペットボトルの数や水の量は、子どもの身体に合わせて調整してください。ただし、"いかり"は必ず入れておき、他のペットボトルよりも水量を多くしておきましょう。

4) 違った考えをしてみよう
―― 自己感情の理解・表現・思考の修正

····▶ **ねらい**

日常生活の中でトラブルのもととなる怒りなどの感情を、自分でコントロールできる練習をします。

····▶ **準備するもの**

・「違った考えをしてみよう」シート（p58）をコピーしておきます。

····▶ **進め方**

・過去1週間を振り返って不快なことが生じた場面について、日にち、場所・場面、何があったか、そしてあなたはどうしたか、またはどう思ったかをシートの上段から順に書いてもらいます。その次に、そのときどんな気持ちがしたか、その強さはどのくらいであったかを書いてもらいます。強さは0～100％の範囲です（記入例を参照）。

・これらを書き終わったら、どう考えたらその感情の強さを下げられるか、3つ書いてもらいます。併せて、実際にそのように考えてみたら感情の強さ（％）はどうなったか、また考えたときの感想を書いてもらいます（記入例を参照）。

····▶ **ポイント**

・不快なことであれば、どんな感情を扱ってもよいのですが、できれば "怒り" や "悲しい" などネガティブな感情を扱ったほうがいいでしょう。

・感情の強さ（％）は、100％なら行動化している（怒り100％で殴りかかるなど）レベルです。怒りや悲しみの強さは60％以上になる出来事を選んでもらいましょう。

・違った考えは、感情の強さが40％以下になるものが出てくるまで考えてもらいましょう。もしそのような違った考えが出てこなければ、最初はヒントを出してあげましょう。

・グループで行うことができる場合は、ほかの参加者からいろいろな違った考え方を聞いたり、お互いにアドバイスし合ったりすればより効果的です。

・個人で行う場合は、連絡帳のようにコメントを書いてあげてもいいでしょう。

····▶ **留意点**

・たいてい、相手を責めるような他責的な考え方では怒りはおさまらず、「自分も悪かったのでは？」という考え方で怒りがおさまることが多いようです。他責的な考え方ばかり

のときは、自分にも非がなかったかを振り返られるようなヒントを出してあげましょう。

・ほかのみんながする考え方がその子にとって正しいとは限りません。その本人の怒りが おさまることが必要です。ですから、自由な考え方ができるよう配慮（違った考えを否 定しないなど）をしましょう。ただし、非道徳的な考え方（「相手が死ねばいいと思う」 など）は避けるよう最初に伝えておきましょう。

・グループで行う際に扱う出来事は、相手が特定されるように書いたり、同じグループの 子のことを対象にしたりすることがないよう、事前に決めておきましょう。

・「先生に相談する」といった「違った考え」は、自分だけで完結しませんので、ここでは 適切とはいえません。その場合は「一人でできる『違った考え』はないかな？」と促し てみましょう。

「違った考えをしてみよう」シート

6月 17日　　　　　　場所・場面（学校のろうか　　　　　　　　　　）

【何があった？】
A君とすれ違ったとき、A君に「おはよう」ってあいさつしたのに返事がなかった。

【あなたはどうした？　どう思った？】
ぼくのことがきらいでわざと無視したと思った。

【どんな気持ち？　どれくらいの強さ？】
気持ち： いかり　　強さ： 80 ％（0～100）

	違った考え	気持ち	％	感想
考え方①	もう二度とA君にはあいさつしないし、向こうがあいさつしても無視する。	いかり	90	もっとムカムカしてきた。
考え方②	こんなことでおこってもしかたない。ぼくががまんしたらいいんだ。	いかり	50	でも、やっぱり思い出してしまう。むかつく。
考え方③	ひょっとしてA君は考え事をしていたのかもしれない。ぼくの声が小さくて聞こえなかったのかもしれない。	いかり	20	そういえば、ぼくも考え事しててあいさつに気がつかなくて、あとで友だちに言われたことがあった。今度からもっと大きな声であいさつしてみよう。

「違った考えをしてみよう」シート

【月　日】　　　　　　　場所・場面（　　　　　　　　　　　　　　　　）
【何があった？】

【あなたはどうした？　どう思った？】

【どんな気持ち？　どれくらいの強さ？】
気持ち：　　　　　　　強さ：　　　％（0～100）

	違った考え	気持ち	%	感想
考え方①				
考え方②				
考え方③				

5) 思いやりトレーニング
──他者への共感、自己感情のコントロール法の確認

⋯▶ **ねらい**

　友だちの悩みや感情に寄り添い、声をかけてあげることで、他者への共感力や思いやりの力を養います。

⋯▶ **準備するもの**

・「思いやりトレーニング（悩み相談室）」❶～❿のワークシート（pp62～71）

⋯▶ **進め方**

・まず、Ａ君・Ａさんの悩み・気持ちを読んでもらいます。

・Ａ君・Ａさんの話を聞いたＢ君とＣ君がそれぞれＡ君・Ａさんに声をかけますが、Ｂ君の声かけにはＡ君・Ａさんはがっかりし、Ｃ君の声かけにはお礼を言うという状況で、Ｂ君とＣ君がそれぞれどんな声のかけ方をしたのかを想像して書いてもらいます。

・できるだけ時間制限は設けずに取り組んでください。

⋯▶ **ポイント**

・悩みを相談されて、がっかりさせてしまう声かけはどのようなものか、いかにＡ君やＡさんの立場になって考えることができるかがポイントです。そのために、自分の似たような体験を思い出してもらい、そのときにはどのような声かけでがっかりしたかなどを思い出してＢ君の声のかけ方を想像して書いてもらうといいでしょう。

・逆にＡ君やＡさんはどんな声のかけ方をされると嬉しいのか、自分はどんな声のかけ方をされたら嬉しかったかを思い出して、Ｃ君の声のかけ方を想像して書いてもらいましょう。

・状況や相手、悩みの内容にもよりますが、支援者は子どもたちに、悩みに対してすぐに「こうしたほうがいいよ」と声をかけるよりも、まず「それは大変だったね」、「それはつらかったね」といたわりの言葉をかけて、できるかぎり相手の気持ちに寄り添うところから始めたほうがいいことを伝えましょう。

・相手への「こうしたほうがいいよ」というようなアドバイスは、そういったねぎらいの言葉のあとにしてもいいでしょう。

・グループで行えば、ほかの子どもが考えた声のかけ方を知ることができ、気づきもありますので、より効果的です。

····▶ 留意点

・自分の悩み事に対してはいい考えが思いつかなくとも、他者の悩み事に対する声かけや
　アドバイスは意外とできるものです。ここでは子どものそんな矛盾に気づいても指摘せ
　ず、適切な声のかけ方やアドバイスができたことを褒めてあげましょう。

・ワークシート上で行った他者に対する声かけやアドバイスは、自分がA君・Aさんと同
　じ立場に立ったときの助けとなったり、同じようなケースに出会った際に友だちに優し
　く接するきっかけになったりするでしょう。

思いやりトレーニング（悩み相談室）❶

Aさんは悩んでいます。

Aさん

> 私は転校生で、まだ学校に友だちが一人もいないの。休み時間は一人でボーッとしているだけ。みんなは楽しそうに友だちと話しているのに。友だちをつくるにはどうしたらいいの？

Aさんの悩みをB君とC君が聞いてあげました。AさんはB君の声のかけ方にがっかりし、C君の声のかけ方には気持ちが楽になりました。B君とC君はそれぞれどんな声をかけたと思いますか。考えて書きましょう。

B君

> ボーッとしているからダメなんだよ。それじゃあだれも友だちになりたくないよ。

> B君には相談しなきゃよかった……。

C君

> そっかぁ。転校してきたばかりだから友だちをつくるのは大変だよね。どうしたらいいかいっしょに考えよう。

> C君、ありがとう！　気持ちが楽になった。聞いてくれてありがとう。

Aさんは悩んでいます。

Aさん

私は転校生で、まだ学校に友だちが一人もいないの。休み時間は一人でボーッとしているだけ。みんなは楽しそうに友だちと話しているのに。友だちをつくるにはどうしたらいいの？

Aさんの悩みをB君とC君が聞いてあげました。AさんはB君の声のかけ方にがっかりし、C君の声のかけ方には気持ちが楽になりました。B君とC君はそれぞれどんな声をかけたと思いますか。考えて書きましょう。

B君

B君には相談しなきゃよかった……。

C君

C君、ありがとう！　気持ちが楽になった。聞いてくれてありがとう。

A君は悲しんでいます。

A君

今度のスポーツ大会でやっと選手に選ばれたのに、けがしちゃって、試合に出られなくなったよ。ずっと練習してきたのに、とっても悲しいよ。

A君の話をB君とC君が聞いてあげました。A君はB君の声のかけ方にがっかりし、C君の声のかけ方には気持ちが楽になりました。B君とC君はそれぞれどんな声をかけたと思いますか。考えて書きましょう。

B君

B君には言わなきゃよかった……。

C君

C君、ありがとう！　気持ちが楽になった。聞いてくれてありがとう。

Aさんは悩んでいます。

Aさん

家に帰りたくない。お母さんはいつも勉強、勉強って言うし。それに、お父さんとお母さんは仲がよくなくて、いつもけんかばかりしているし……。

Aさんの悩みをB君とC君が聞いてあげました。Aさんは B君の声のかけ方にがっかりし、C君の声のかけ方には気持ちが楽になりました。B君とC君はそれぞれどんな声をかけたと思いますか。考えて書きましょう。

B君

B君には相談しなきゃよかった……。

C君

C君、ありがとう！　気持ちが楽になった。聞いてくれてありがとう。

A君は悲しんでいます。

A君

> 飼っていた犬のポチが車にはねられて死んだんだ。ぼく、きょうだいがいないし、お父さんもお母さんも働いているから、家に誰もいなくて。今までポチがいたからさびしくなかったのに。

A君の話をB君とC君が聞いてあげました。A君はB君の声のかけ方にがっかりし、C君の声のかけ方には気持ちが楽になりました。B君とC君はそれぞれどんな声をかけたと思いますか。考えて書きましょう。

B君

> B君には言わなきゃよかった……。

C君

> C君、ありがとう！　気持ちが楽になった。聞いてくれてありがとう。

思いやりトレーニング（悩み相談室）⑤

Aさんは悩んでいます。

> 友だちから「あなたは性格を直したほうがいい」って言われたの。だから直そうと思うんだけど、どこが悪いかわからなくて。

Aさんの悩みをB君とC君が聞いてあげました。Aさんは B君の声のかけ方にがっかりし、C君の声のかけ方には気持ちが楽になりました。B君とC君はそれぞれどんな声をかけたと思いますか。考えて書きましょう。

> B君には相談しなきゃよかった……。

> C君、ありがとう！　気持ちが楽になった。聞いてくれてありがとう。

A君は悲しんでいます。

A君

きのうゲームをしてたらお母さんから、ゲームばっかりしないで勉強しなさいって怒られてさ。それでゲームを取りあげられたから、カッとなってお母さんをたたいたんだ。そしたらお母さんが泣いちゃって。

A君の話をB君とC君が聞いてあげました。A君はB君の声のかけ方にがっかりし、C君の声のかけ方には気持ちが楽になりました。B君とC君はそれぞれどんな声をかけたと思いますか。考えて書きましょう。

B君

B君には言わなきゃよかった……。

C君

C君、ありがとう！　気持ちが楽になった。
聞いてくれてありがとう。

Aさんは悩んでいます。

Aさん

> きのうね、D子が「E子にイタズラしない？」って言ってきて、私もついやってしまったの。そしたらE子は「Aさんのこと信じていたのに」って怒って、もう口をきいてくれないの。E子は大切な友だちなのに。

Aさんの悩みをB君とC君が聞いてあげました。AさんはB君の声のかけ方にがっかりし、C君の声のかけ方には気持ちが楽になりました。B君とC君はそれぞれどんな声をかけたと思いますか。考えて書きましょう。

B君

> B君には相談しなきゃよかった……。

C君

> C君、ありがとう！　気持ちが楽になった。聞いてくれてありがとう。

A君は悲しんでいます。

A君

きのう、おこづかいをためてやっと買ったゲーム機をトイレに落として、壊しちゃったんだ。お父さんからは物を大切にしなさいって怒られるし。

A君の話をB君とC君が聞いてあげました。A君はB君の声のかけ方にがっかりし、C君の声のかけ方には気持ちが楽になりました。B君とC君はそれぞれどんな声をかけたと思いますか。考えて書きましょう。

B君

B君には言わなきゃよかった……。

C君

C君、ありがとう！　気持ちが楽になった。聞いてくれてありがとう。

Aさんは悩んでいます。

A さん

きのうね、テストが戻ってきたんだけど、点数がよくなくて。先生から「これではM中学は受験できない」って言われたの。M中学はチアリーディング部があるから絶対行きたいのに。

Aさんの悩みをB君とC君が聞いてあげました。AさんはB君の声のかけ方にがっかりし、C君の声のかけ方には気持ちが楽になりました。B君とC君はそれぞれどんな声をかけたと思いますか。考えて書きましょう。

B君

B君には相談しなきゃよかった……。

C君

C君、ありがとう！　気持ちが楽になった。聞いてくれてありがとう。

Ａ君は悲しんでいます。

Ａ君

> ぼく、人前で話すのが苦手でね。この前の発表も恥ずかしくて何も言えなくなって。そしたら先生が「もっと練習しなさい」って。でもできないもん。もう嫌だ。

Ａ君の話をＢ君とＣ君が聞いてあげました。Ａ君はＢ君の声のかけ方にがっかりし、Ｃ君の声のかけ方には気持ちが楽になりました。Ｂ君とＣ君はそれぞれどんな声をかけたと思いますか。考えて書きましょう。

Ｂ君

> Ｂ君には言わなきゃよかった……。

Ｃ君

> Ｃ君、ありがとう！　気持ちが楽になった。聞いてくれてありがとう。

③ 段階式感情トレーニングの部分使用例

　段階式感情トレーニングは、「1）この人はどんな気持ち？」から順番にやっていきますが、ケースに応じて部分的に使用することも可能です。たとえば、先に紹介した行動の問題（怒って暴れる）を起こしている子どものようなケースに対して、どのトレーニングを当てはめたらいいかを**図11**に示しています。「④認知機能の問題」が考えられる場合には、「1）この人はどんな気持ち？」ないし「2）この人たちはどんな気持ち？」から始めるといいでしょう。もしこれらのトレーニングで他者の表情の理解が難しいレベルであれば、視覚認知の問題がある可能性もあり、認知機能自体のトレーニング『コグトレ—みる・きく・想像するための認知機能強化トレーニング』など[1),2)]を先に実施することをお勧めします。

　「③思考の問題」が考えられる場合には「4）違った考えをしてみよう」を、「②感情の問題」が考えられる場合には「3）感情のペットボトル」を行ってみるといいでしょう。

　なお、「①行動の問題」のようにすでに暴れているケースでは、まずは子どもを落ち着かせることが先ですので、クールダウンできる場所に移動させるなどの方法がいいでしょう。また「②感情の問題」でも、まさに暴れる直前の状態であれば、"深呼吸させる"、"落ち着けと心の中で唱えさせる"、"好きなことを考えさせる"といった方法が即効性もあり効果的でしょう。

文献

1）宮口幸治：コグトレ—みる・きく・想像するための認知機能強化トレーニング．三輪書店，2015
2）宮口幸治：やさしいコグトレ—認知機能強化トレーニング．三輪書店，2018
3）宮口幸治（編著），青山芳文，他（著）：もっとやさしいコグトレ—思考力や社会性の基礎を養う認知機能強化トレーニング．三輪書店，2020

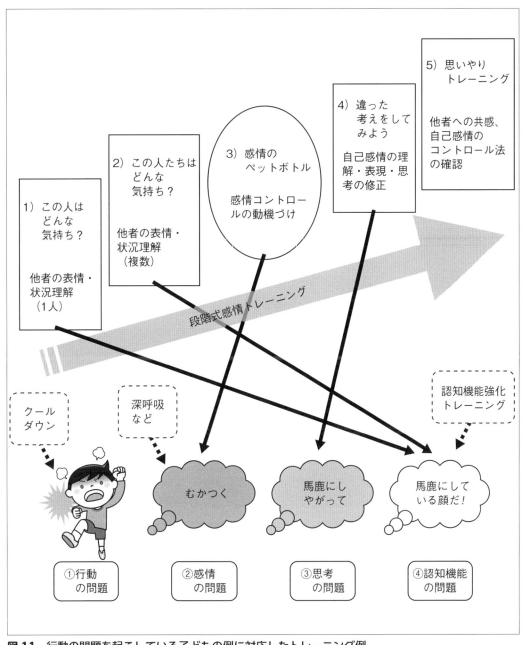

図 11　行動の問題を起こしている子どもの例に対応したトレーニング例
　　　　は、段階式感情トレーニング以外の方法

MEMO

第3章

危険予知トレーニング
Kiken-Yochi Training:
KYT

1 危険予知トレーニングの背景

　本章で扱う危険予知トレーニングの背景は、以下の内容からなっています。ここでは、はじめに「なぜ危険予知トレーニングが必要なのか」、次に「危険の認識は人によって違う」、そして危険予知トレーニングに用いる「リスクコミュニケーションの目的」について解説します。

1. なぜ危険予知トレーニングが必要なのか？　── 子どもの命を守るために
2. 危険の認識は人によって違う ── 危険認識の差が生む行動の違い
3. リスクコミュニケーションの目的 ── 危険をどのように伝えるか

1. なぜ危険予知トレーニングが必要なのか？
── 子どもの命を守るために

　車の往来が多い道路、駅やショッピングセンターといった人通りの多い場所だけでなく、慣れている学校や家の中においても子どもたちの事故は起きます。けがや損害の程度にかかわらず、いったん事故が起きてしまうと、身体だけではなく心にも大きなダメージを残してしまうことは少なくありません。私たちは生活のあらゆる場面で、事故を起こさないように危険に注意し行動していますが、それでもさまざまな理由から事故を起こしてしまう人は少なからずいます。このように、人の意図に反して事故を起こしてしまう状況のことを「ヒューマンエラー」といいます。

　ヒューマンエラーとは、「人間の決定または行動のうち、本人の意図に反して人、動物、物、システム、環境の、機能、安全、効率、快適性、利益、意図、感情を傷つけたり壊したり妨げたもの」[1]と定義されています。ヒューマンエラーの要因の一つに、「事故は人が行動する場合に必要な情報処理の入力過程、媒介過程、出力過程のいずれかの過程でエラーが生じる」という考え方があります[1]。入力過程のエラーとは、人と車の距離を見誤る、危険物に気づかないなど知覚段階のエラーであり、媒介過程のエラーとは、気づいていても危険だと判断しないなど意思決定段階のエラーであり、出力過程のエラーとは、実際に行動する場合のエラーです。

　ヒューマンエラーにおける情報処理過程は、コグトレの基礎力である認知の情報処理過程（**図1**）とほぼ同様に考えることができます。たとえば、親が子どもから目を離したスキに子どもが事故に遭った場合には、たまたま親の注意力が低下していたかもしれないし、普段と同じ場所なので大丈夫だろうという親の判断が間違っていたことが原因かもしれません。つまり、行為の認知過程のいずれかでエラーが生じていたのです。このように考えるとヒューマンエラーは、工場の技術者や医療技術者など特殊な技能をもつ者だけではなく、一般の人にも起こり得ることがわかります。

図1　認知の情報処理過程

図2　見通しの悪い路地

　入力過程のヒューマンエラーが原因で生じる事故は、その原因を探求することで事故の軽減は可能です。たとえば、車の運転中に後方から他の車が近づいてきたことを知らせてくれるセンサーや、コンロの過熱を自動的に防いでくれる装置などは、人の知覚や注意力を補ってくれる装置であり、今後もヒューマンエラーを軽減する技術は進歩するでしょう。

　しかしながら、ヒューマンエラーを軽減する装置がいくら発展しても、子どもたちに関連した事故がなくなることは難しいでしょう。なぜなら、子どもの場合は危険場面に対応する知覚や注意力、記憶力が十分に備わっているとはいえないため、ヒューマンエラーの過程によるエラーとは違った視点でとらえる必要があるからです。事故に遭わないためには、いかに、あらかじめ危険を予測できるかがとても重要です。危険を予測するためには、状況を視覚や聴覚などを用いて正確に知覚し、注意を向け、危険な場面を記憶する必要があります。経験が浅い子どもたちは、入力過程で危険な状況を知覚し注意を向けることができないために、危険な状況に気づかない可能性があります。また、事故が起こる状況にはさまざまなケースがあるため、危険な状況を記憶していないことが予測されます。

　たとえば、**図2**を見てください。見通しの悪い路地の奥から子どもたちが走ってきています。手前の道には杖をついた高齢者が歩いています。この後、救急車が来るような事故が起こったとすれば、どのような事態が生じたと考えればよいでしょうか。

　図を見ると、「高齢者の目の前に水たまりがあること」、「塀の高さが高いこと」、「高齢者が杖をついていること」に気づきます。この段階が入力過程です。危険の認識は、この段階に気づくことから始まります。次に、「水たまりでは足を取られそうだ」、「塀が高いと見通しが悪い」、「杖をついた人は歩行が不安定だ」というのは、判断を行う媒介過程の段階です。「水たまりに足を取られて子どもや高齢者が転倒するかもしれない」というのは、この段階の判断によるものです。しかし、それだけでは救急車が来るような事態になるとは考えられません。この場面では、「水たまりを避けようと角を急に曲がった子どもたちが目

表1 「見通しの悪い路地」での危険予知トレーニング課題

気づいた危険項目	危険レベル	危険度順
例1：子どもたちが路地を走ってきており、水たまりを避けようと角を急に曲がって高齢者とぶつかる	4	2
例2：走ってきている子どもたちが高齢者に驚いて道に飛び出し、通りかかった車と接触する	4	1
例3：子どもたちが水たまりを避けようとして足を取られ、転倒する	2	4
例4：高齢者が水たまりを避けようとして足を取られ、転倒する	3	3

危険レベル（危険の程度）
1：やや危険を感じる　2：危険を感じる　3：かなり危険を感じる　4：きわめて危険を感じる
危険度順
最も危険だと思う項目を1とする

の前に飛び出してきて、驚いた高齢者がバランスを崩して後方に転倒した」、あるいは、「子どもたちが高齢者に驚いて避けようと道に飛び出し、たまたま通りかかった車と接触した」といった場面を想像し予測できるかどうかが問われます。この場面だけでも、複数の事故の危険性があること、危険の大きさに違いがあることがわかります。

　いくつかの危険箇所から状況を総合的に推論し、最終的に言語として最も危険な状況を理解・表出するのは出力過程です。**表1**は、それを例としてまとめたものです。危険レベルとは、その事故が起こった場合、どのくらいの損傷が生じると感じるかのことで、危険度順はその危険度の高さの順序を表します。この場面では、最も危険度が高い危険項目が、気づいてほしい優先順が高い危険項目となります。

　このような危険が予測される場面を用いて行うトレーニングを「危険予知トレーニング（Kiken-Yochi Training）」といいます。この危険予知トレーニングの方法については、後のページで、「リスクコミュニケーション」いう方法を用いて実施する方法を解説します。

文献

1) 芳賀　繁：失敗のメカニズム―忘れ物から巨大事故まで．角川学芸出版，2000

2. 危険の認識は人によって違う
── 危険認識の差が生む行動の違い

　リスクとは、危険な状況を予測するために用いられる一つの指標で、ある危険事象がどの程度の確率で生じるか、危険事象が起こった場合にどの程度損害が生じるかといった要因で表されます。人通りの多い場所を歩く場合と、田舎の道を歩く場合とでは、危険事象が起こる確率も異なってくるというわけです。そのため、リスクの判断は、生活のあらゆる場面での意思決定の連続だといえるでしょう。

　ただし、人はいつも正しくリスクを理解し、判断できるとは限らないことが知られています[1]。対象となるリスクの大きさや内容によって、個人が理解できるものとそうでないものがあり、そのため、同じリスク状況下であっても対応行動は異なることが指摘されています。子どもであれば特に個人差が大きいことも容易にわかると思います。また、そもそも人は同じ状況であっても他者と同じリスク判断をするとは限りません。このような人の主観的なリスク判断のあり方を「リスク認知（risk perception）」といい、その心理的メカニズムが重要視されています。「認知」にあたる用語とは、一般的には「cognition」のほうが適切ですが、リスク認知の表現には知覚的・感覚的な、つまり情動的なニュアンスが含まれると理解されています[2]。そして、このリスク認知は、さまざまな要因によって影響を受けることが指摘されており、専門家と一般の人、あるいは、専門職間での知識や経験の違い、年齢や性別、文化の違いなどが知られています[3]。

　表2を見てください。頭部外傷後遺症による左片麻痺、注意障害、知的障害（5歳程度）を有する10歳の女児がブランコに乗るときの危険予知判断を、女児の母親と作業療法士にしてもらいました。作業療法士はリハビリテーションの専門職です。女児は左半身が不自由な左片麻痺ですから、日常生活でのさまざまな困難が予想されます。そこで、病院の訓練室だけではなく、学校や公園も想定して危険レベルを判断してもらいました。

表2　ブランコに乗るときの危険予知判断の例

余暇活動（ブランコ）	危険レベル	
	母親	作業療法士
訓練室でブランコに乗る	1	2
学校の屋外でブランコに乗る	2	3
公園でブランコに乗る	2	3

危険レベル（危険の程度）
1：やや危険を感じる　2：危険を感じる　3：かなり危険を
感じる　4：きわめて危険を感じる

図3　実際のブランコ

　これを見ると、母親と作業療法士の危険レベルの認識が異なっていることがわかります。作業療法士は、女児が左片麻痺であることを考慮し、すべての場面で母親よりも危険レベルを高く判断しました。しかしながら、この比較の目的は、どちらが正しいかを決めることではありません。知りたいことは、母親がなぜ作業療法士よりも危険レベルを低く判断したかの理由です。**図3**は、女児が実際に公園で乗っていたブランコの写真です。背もたれもなく、片手でチェーンをつかみブランコ遊びができていたことが、母親の判断理由になったようです。普段から公園で実際にブランコをこぐ場面を見ていた母親は、作業療法士よりも危険レベルは低いと判断したのです[4]。危険レベルの認識はこのように判断する人によって異なることは少なくありませんが、実はそこに危険予知トレーニングのヒントがあるのです。他者と異なる判断をすることが、"なぜ"という関心をもつことにつながるからです。コグトレでは、リスクを他者に適切に伝える方法として、「リスクコミュニケーション」という方法を用いています。

文献

1）吉川肇子：リスクとつきあう—危険な時代のコミュニケーション．有斐閣，pp86-160，2000
2）広瀬弘忠：リスク認知と受け入れ可能なリスク．日本リスク研究学会（編）：増補改訂版 リスク学事典．阪急コミュニケーションズ，pp268-269，2006
3）木下冨雄：リスク認知とリスクコミュニケーション．日本リスク研究学会（編）：増補改訂版 リスク学事典．阪急コミュニケーションズ，pp260-267，2006
4）宮口英樹，他：発達障害領域におけるリスクコミュニケーション—母親，教師との信頼性の構築を目指して．OTジャーナル　**44**：308-313，2010

3. リスクコミュニケーションの目的 —— 危険をどのように伝えるか

「リスクコミュニケーション」とは「個人、機関、集団間でのリスク情報や意見のやりとりの相互作用的過程」と表現されています[1]。リスクコミュニケーションは、リスクを一方的に伝える方法ではなく、リスクにさらされる人々に対して十分に情報を提供し、自らその問題に対する理解を深めてもらう点に意義があります[2]。つまり、大人が子どもに「危ないからダメ」と伝えるだけでは不十分だということです。リスクコミュニケーションの目的は、子どもが自ら日常生活の危険に気づけるように、子どもが理解できる言葉を用いて、何が危ないか、その理由を考えさせ、そして危ないことが起きないようにどのように行動したらよいかを問い、理解させることにあります。

文献

1) National Research Council：Improving Risk Communication. National Academy Press, 1989
2) 吉川肇子：リスク・コミュニケーション―相互理解とよりよい意思決定をめざして. 福村出版, pp18-19, 1999

② 危険予知トレーニングの手順

▶ ねらい

　提示された「危険予知トレーニング」のワークシートを見ながら、その状況にどのような危険が隠れているかを想像してみることで、危険な状況を予測する力を鍛えます。またグループで行うことで、お互いの危険認識の差にも気づかせます。

▶ 準備するもの

・「危険予知トレーニング」❶〜⓰のワークシート（pp92〜123）

▶ 参加者

ファシリテーター（支援者）1名に対し、子ども5〜10名が望ましい割合です。

▶ 進め方

①子どもに危険予知トレーニングのワークシートを提示し、状況図を説明します。

②状況図の中で危険だと思う場所にチェック（✓）を入れさせ、どのように危険かを、できるかぎり記入させます。

③②で記入させた危険項目について、危険度が高い順番を記入させます。

④一番危険だと思った項目について、その理由を挙げてもらい（複数可）、どうしたら事故を防ぐことができるかを考えて記入させます。

※できるだけ時間制限は設けずに取り組んでください。

▶ ポイント

・同じ状況図であっても、危険だと思う箇所は、子どもが過ごしてきた環境によってそれぞれ異なります。また、同じ危険場面であっても、危険だと思う程度も異なります。

・危険予知トレーニングの目的は、ファシリテーター（支援者）が子どもにリスクを伝えることではなく、子ども自身が危険箇所に気づくきっかけを与え、リスクを予測させることです。

・グループを活用し、子どもが気がつかなかった危険場面について、危険の程度や事故を防ぐ方法を考えさせるとよいでしょう。

　リスクコミュニケーションを用いた危険予知トレーニングは、グループ（5〜10名）で行うことが望ましいです。ファシリテーター（支援者）は、リスクを教えるのではなく、グループのメンバーが気づいたリスクをメンバー全員で共有できるように促します。どうしても危険箇所に気づかない場合は、よりわかりやすい場面が描かれたシートから始めるなど工夫が必要でしょう。それでも難しい場合は、冒頭で紹介したヒューマンエラー発生のメカニズムのうち、情報処理の入力過程（知覚、注意、記憶）に問題があるかもしれません。状況図を正確に読み取ることが難しい場合には、認知機能強化トレーニング（Cognitive Enhancement Training：COGET）のワークシート[1,2]を使って、見る力、覚える力、想像する力をトレーニングするのも効果的です。

　次からは、危険予知トレーニングの各ワークシートについて、想定リスクを提示します。

文献
1）宮口幸治：コグトレ─みる・きく・想像するための認知機能強化トレーニング．三輪書店，2015
2）宮口幸治：やさしいコグトレ─認知機能強化トレーニング．三輪書店，2018

危険予知トレーニング
——各ワークシートの想定リスク

　以下に各ワークシートから想定されるリスクの例を挙げておきます。ここに挙げたリスクを子どもたちに挙げてもらう必要はありませんし、想定されるリスクもこれですべてではないかもしれません。あくまでもトレーニングを行う参考にお使いください。

危険予知トレーニング❶（屋内でのリスク①）

▶ 想定リスク

①洗濯機のドラムの中に入って扉が開かなくなる

②風呂で溺れる

③洗濯機と洗面台の間に入って動けなくなる

④風呂場で滑って頭を打つ

危険予知トレーニング❷（屋外でのリスク①）

▶ 想定リスク

①声をかけられることで注意がそれ、A君が思わず道路に飛び出して車や自転車にぶつかる

②左からの車は、間に道を挟むため距離感がつかみづらく、A君はそのまま道路を渡ってしまう

③歩道の子どもたちに車が突っ込む

④マンションの上の階から何かが落ちてきてA君に当たる

危険予知トレーニング❸（屋内でのリスク②）

▶ 想定リスク

①走り回っているうちにバランスを崩した弟がテーブルクロスに引っかかり、鍋が落ちる

②ストーブにぶつかる

③クリスマスツリーのコンセントに引っかかる

危険予知トレーニング❹（屋外でのリスク②）

▶ 想定リスク

①鬼に気を取られた子どもがブランコの後ろ側を走り抜けた際に、ブランコにぶつかってしまう

②ブランコをこいでいる子どもが落下する

③犬がブランコのほうに走り出し、あわてた子どもがブランコから落ちてけがをする

④犬に駆け寄った子どもがブランコとぶつかる

⑤子どもが犬にかまれる

危険予知トレーニング❺（屋内でのリスク③）

▶ 想定リスク

①ベランダの柵の間に頭を入れて、頭が抜けなくなってしまう

②ベランダから物を落として、下にいる人にけがをさせてしまう

③フラワースタンドにのぼり、ベランダの柵を乗り越えて下に転落する

④転倒してシャボン玉のストローが喉に刺さる

危険予知トレーニング❻（屋内でのリスク④）

▶ 想定リスク

①転倒して、歯ブラシが喉に突き刺さる

②バケツにつまずき、洗面台で頭を打つ

③急いだのでドアにぶつかり転倒して、後頭部を打つ

危険予知トレーニング❼（屋外でのリスク③）

▶ 想定リスク

①炎天下に帽子をかぶっておらず、A君は熱中症になる

②ボールがA君の頭に当たる

③サッカーボールをけろうとして、子どもがブランコのポールに気づかずぶつかり転倒する。同じく鉄棒にぶつかり転倒する

危険予知トレーニング❽（屋外でのリスク④）

▶ 想定リスク

①赤ちゃんが騒いで母親がベビーカーを押し、Bさんが線路に落ちる

②Bさんが右から来る2人の小学生に気づかず前に移動し、小学生がホームに転倒する

③右から来る2人の小学生が急に走り出し、後ろに下がったBさんがベビーカーを転倒させる

危険予知トレーニング❾（屋外でのリスク⑤）

▶ 想定リスク

①左折するトラックに巻き込まれる

②前方から右折してくる車とぶつかる

③前方から来る自転車とぶつかる

④A君が横断歩道の子どもに気づかずぶつかる

⑤右から信号無視した車が突っ込んでくる

危険予知トレーニング❿（屋外でのリスク⑥）

▶ 想定リスク

①階段を上る際に、Aさんが前の学生の傘先で目を突かれる

②階段で足を滑らせ、自分の傘でけがをする

③Aさんが階段を降りてくる人とぶつかる

④Aさんが後ろの男の子の傘につまずく

危険予知トレーニング⓫（屋外でのリスク⑦）

▶ 想定リスク

①A君が降りる人とぶつかり転倒する

②A君が並んでいる人に押されてけがをする

③A君が降りる人をよけて右の高齢者を転倒させる

危険予知トレーニング⓬（屋外でのリスク⑧）

・・・▶ **想定リスク**

①Aさんが右から来る自転車とぶつかる

②左から来る自転車とAさんが衝突する

③後ろから来る自転車とおばあさんが衝突する

④Aさんがバスのステップから足をふみ外す

⑤バスの後ろの車のドアが開いて、自転車がぶつかる

⑥子どもが急に走り出して自転車とぶつかる

危険予知トレーニング⓭（屋外でのリスク⑨）

・・・▶ **想定リスク**

①向こうからドアが突然開いて、A君がドアに接触する

②向こう側に人がいるのを確かめず、引くドアを思いっきり押して向こうの子どもにぶつかる

③ドアに手を挟まれる

④勢いよく開けたドアがベビーカーに当たる

危険予知トレーニング⓮（屋外でのリスク⑩）

・・・▶ **想定リスク**

①水際の子どもが、トンボを捕ろうと川に入って溺れる

②ボールで遊んでいる子どもが、川に入ったボールを取りにいって溺れる

③バイクが滑って土手から落ちてくる

④犬が急に走り出し子どもにかみつく

危険予知トレーニング⓯（屋外でのリスク⑪）

⋯▶ 想定リスク

①交差点を飛び出した 2 人の子どもが車にひかれる

②自転車が水たまりを避けようとして、前から来た車とぶつかる

③水たまりをよけようとした自転車の子どもが女性にぶつかり転倒させる

④子どもたちが水たまりをよけようとして女性とぶつかり転倒させる

危険予知トレーニング⓰（人に対するリスク）

⋯▶ 想定リスク

①誘拐される

②知らない場所に連れていかれ暴力をふるわれる

③撮影中にわいせつ行為をされる

④撮影後に高額なお金を請求される

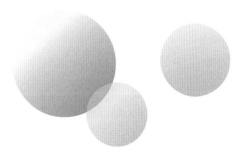

危険予知トレーニング ❶

A 君は家で友だちとかくれんぼをしています。A 君は洗面所に来て、隠れるところを探しています。30 分後、救急車が来ました。

なぜ、救急車が来ることになったのでしょうか。あなたが危険だと思うところにチェック（✓）をつけ、その横に番号をつけ、どのように危険か、下に理由を書きましょう。

1（洗濯機のドラムの中に入って扉が開かなくなる　　　　　）

2（お風呂でおぼれる　　　　　　　　　　　　　　　　　）

3（洗濯機と洗面台の間に入って動けなくなる　　　　　　）

4（お風呂場ですべって頭を打つ　　　　　　　　　　　　）

5（　　　　　　　　　　　　　　　　　　　　　　　　　）

どれが一番危険だと思いますか？　危険だと思う順に番号を書きましょう。

（　4，2，1，3　　　　　　　　　　　　　　　　　　　）

あなたはどのように気をつけたらよいと思いますか？　あなたの考えを書きましょう。

お風呂場の床がぬれてすべりやすくないか気をつける。
かくれる場所の近くに何があるかを見ておく。

危険予知トレーニング ①

A君は家で友だちとかくれんぼをしています。A君は洗面所に来て、隠れるところを探しています。30分後、救急車が来ました。

なぜ、救急車が来ることになったのでしょうか。あなたが危険だと思うところにチェック（✓）をつけ、その横に番号をつけ、どのように危険か、下に理由を書きましょう。

1 (   )

2 (   )

3 (   )

4 (   )

5 (   )

どれが一番危険だと思いますか？　危険だと思う順に番号を書きましょう。

(   )

あなたはどのように気をつけたらよいと思いますか？　あなたの考えを書きましょう。

通学路を小学生が歩いています。通学路の反対側にはＡ君の住むマンションの出入り口があります。5分後、救急車が呼ばれました。

なぜ、救急車が呼ばれることになったのでしょうか。あなたが危険だと思うところにチェック（✓）をつけ、その横に番号をつけ、どのように危険か、下に理由を書きましょう。

1 (　　　　　　　　　　　　　　　　　　　　　　　　　　　)

2 (　　　　　　　　　　　　　　　　　　　　　　　　　　　)

3 (　　　　　　　　　　　　　　　　　　　　　　　　　　　)

4 (　　　　　　　　　　　　　　　　　　　　　　　　　　　)

5 (　　　　　　　　　　　　　　　　　　　　　　　　　　　)

どれが一番危険だと思いますか？　危険だと思う順に番号を書きましょう。

(　　　　　　　　　　　　　　　　　　　　　　　　　　　)

あなたはどのように気をつけたらよいと思いますか？　あなたの考えを書きましょう。

今日は楽しいクリスマスの日です。お母さんは料理をつくっています。家の中で兄弟（小学3年生と1年生）が遊んでいます。5分後、お母さんはあわてて救急車を呼びました。

なぜ、救急車が呼ばれることになったのでしょうか。あなたが危険だと思うところにチェック（✓）をつけ、その横に番号をつけ、どのように危険か、下に理由を書きましょう。

1 (   )

2 (   )

3 (   )

4 (   )

5 (   )

どれが一番危険だと思いますか？　危険だと思う順に番号を書きましょう。

(   )

あなたはどのように気をつけたらよいと思いますか？　あなたの考えを書きましょう。

公園で子どもたちが遊んでいます。ブランコをこいでいる子どももいます。20分後、救急車が来ました。

なぜ、救急車が来ることになったのでしょうか。あなたが危険だと思うところにチェック（✓）をつけ、その横に番号をつけ、どのように危険か、下に理由を書きましょう。

1 (   )

2 (   )

3 (   )

4 (   )

5 (   )

どれが一番危険だと思いますか？　危険だと思う順に番号を書きましょう。

(   )

あなたはどのように気をつけたらよいと思いますか？　あなたの考えを書きましょう。

危険予知トレーニング ⑤

家のベランダでＡ君（小学1年生）はシャボン玉をしていました。すると、ベランダの柵の間から大好きな消防車が見えました。30分後、救急車が来ました。

なぜ、救急車が来ることになったのでしょうか。あなたが危険だと思うところにチェック（✓）をつけ、その横に番号をつけ、どのように危険か、下に理由を書きましょう。

1 (   )

2 (   )

3 (   )

4 (   )

5 (   )

どれが一番危険だと思いますか？　危険だと思う順に番号を書きましょう。

(   )

あなたはどのように気をつけたらよいと思いますか？　あなたの考えを書きましょう。

A君は洗面所で歯磨きをしていました。そこに友だちが突然、遊びにきました。
お母さんから呼ばれたので、A君はあわてて玄関に向かいました。15分後、救急車が来ました。

なぜ、救急車が来ることになったのでしょうか。あなたが危険だと思うところにチェック（✓）をつけ、その横に番号をつけ、どのように危険か、下に理由を書きましょう。

1 (　　　　　　　　　　　　　　　　　　　　　　　　　　　　　)

2 (　　　　　　　　　　　　　　　　　　　　　　　　　　　　　)

3 (　　　　　　　　　　　　　　　　　　　　　　　　　　　　　)

4 (　　　　　　　　　　　　　　　　　　　　　　　　　　　　　)

5 (　　　　　　　　　　　　　　　　　　　　　　　　　　　　　)

どれが一番危険だと思いますか？　危険だと思う順に番号を書きましょう。

(　　　　　　　　　　　　　　　　　　　　　　　　　　　　　)

あなたはどのように気をつけたらよいと思いますか？　あなたの考えを書きましょう。

危険予知トレーニング ➐

夏休みのある日、A君（小学3年生）は公園に遊びにきました。友だちがサッカーをしていたので、仲間に入れてもらいたいと思いました。1時間後、救急車が来ました。

なぜ、救急車が来ることになったのでしょうか。あなたが危険だと思うところにチェック（✓）をつけ、その横に番号をつけ、どのように危険か、下に理由を書きましょう。

1 (　　　　　　　　　　　　　　　　　　　　　　　　　　　　)

2 (　　　　　　　　　　　　　　　　　　　　　　　　　　　　)

3 (　　　　　　　　　　　　　　　　　　　　　　　　　　　　)

4 (　　　　　　　　　　　　　　　　　　　　　　　　　　　　)

5 (　　　　　　　　　　　　　　　　　　　　　　　　　　　　)

どれが一番危険だと思いますか？　危険だと思う順に番号を書きましょう。

(　　　　　　　　　　　　　　　　　　　　　　　　　　　　　)

あなたはどのように気をつけたらよいと思いますか？　あなたの考えを書きましょう。

危険予知トレーニング⑧

Bさん（中学3年生）が、駅のホームで電車を待っています。どのような危険がひそんでいますか？

あなたが危険だと思うところにチェック（✓）をつけ、その横に番号をつけ、どのように危険か、下に理由を書きましょう。

1（ 　　　　　　　　　　　　　　　　　　　　　　　　　）

2（ 　　　　　　　　　　　　　　　　　　　　　　　　　）

3（ 　　　　　　　　　　　　　　　　　　　　　　　　　）

4（ 　　　　　　　　　　　　　　　　　　　　　　　　　）

5（ 　　　　　　　　　　　　　　　　　　　　　　　　　）

どれが一番危険だと思いますか？　危険だと思う順に番号を書きましょう。

（ 　　　　　　　　　　　　　　　　　　　　　　　　　）

あなたはどのように気をつけたらよいと思いますか？　あなたの考えを書きましょう。

危険予知トレーニング❾

A君（イラスト右）は自転車に乗っていました。信号が青だったので、道路を渡ろうとしました。10分後、救急車が来ました。

なぜ、救急車が来ることになったのでしょうか。あなたが危険だと思うところにチェック（✓）をつけ、その横に番号をつけ、どのように危険か、下に理由を書きましょう。

1 (　　　　　　　　　　　　　　　　　　　　　　　　　　　　)

2 (　　　　　　　　　　　　　　　　　　　　　　　　　　　　)

3 (　　　　　　　　　　　　　　　　　　　　　　　　　　　　)

4 (　　　　　　　　　　　　　　　　　　　　　　　　　　　　)

5 (　　　　　　　　　　　　　　　　　　　　　　　　　　　　)

どれが一番危険だと思いますか？　危険だと思う順に番号を書きましょう。

(　　　　　　　　　　　　　　　　　　　　　　　　　　　　)

あなたはどのように気をつけたらよいと思いますか？　あなたの考えを書きましょう。

Aさん（小学2年生）は学校が終わり、友だちと家に帰る途中です。朝は雨が降っていましたが、下校時には上がりました。家の近くの階段を上っています。5分後、救急車が呼ばれました。

なぜ、救急車が呼ばれることになったのでしょうか。あなたが危険だと思うところにチェック（✓）をつけ、その横に番号をつけ、どのように危険か、下に理由を書きましょう。

1 (　　　　　　　　　　　　　　　　　　　　　　　　　　　　)

2 (　　　　　　　　　　　　　　　　　　　　　　　　　　　　)

3 (　　　　　　　　　　　　　　　　　　　　　　　　　　　　)

4 (　　　　　　　　　　　　　　　　　　　　　　　　　　　　)

5 (　　　　　　　　　　　　　　　　　　　　　　　　　　　　)

どれが一番危険だと思いますか？　危険だと思う順に番号を書きましょう。

(　　　　　　　　　　　　　　　　　　　　　　　　　　　　)

あなたはどのように気をつけたらよいと思いますか？　あなたの考えを書きましょう。

危険予知トレーニング⑪

Ａ君（小学２年生）が、駅のホームで電車を待っていました。電車が来たので乗ろうと思い、Ａ君はドアに駆け寄りました。５分後、救急車が呼ばれました。

なぜ、救急車が呼ばれることになったのでしょうか。あなたが危険だと思うところにチェック（✓）をつけ、その横に番号をつけ、どのように危険か、下に理由を書きましょう。

1 (   )

2 (   )

3 (   )

4 (   )

5 (   )

どれが一番危険だと思いますか？　危険だと思う順に番号を書きましょう。

(   )

あなたはどのように気をつけたらよいと思いますか？　あなたの考えを書きましょう。

危険予知トレーニング ⑫

Aさん（小学2年生）は、朝寝坊したので学校に遅刻しそうでした。走っていくとバスがちょうど止まっていたので、急いで乗ろうとしました。5分後、救急車が呼ばれました。

なぜ、救急車が呼ばれることになったのでしょうか。あなたが危険だと思うところにチェック（✓）をつけ、その横に番号をつけ、どのように危険か、下に理由を書きましょう。

1 (　　　　　　　　　　　　　　　　　　　　　　　)

2 (　　　　　　　　　　　　　　　　　　　　　　　)

3 (　　　　　　　　　　　　　　　　　　　　　　　)

4 (　　　　　　　　　　　　　　　　　　　　　　　)

5 (　　　　　　　　　　　　　　　　　　　　　　　)

どれが一番危険だと思いますか？　危険だと思う順に番号を書きましょう。

(　　　　　　　　　　　　　　　　　　　　　　　　　)

あなたはどのように気をつけたらよいと思いますか？　あなたの考えを書きましょう。

A君（小学4年生）は、家族と外出しています。A君は一番に店に入ろうと、両開きドアの前に近づいています。5分後、救急車が呼ばれました。

なぜ、救急車が呼ばれることになったのでしょうか。あなたが危険だと思うところにチェック（✓）をつけ、その横に番号をつけ、どのように危険か、下に理由を書きましょう。

1 (   )

2 (   )

3 (   )

4 (   )

5 (   )

どれが一番危険だと思いますか？　危険だと思う順に番号を書きましょう。

(   )

あなたはどのように気をつけたらよいと思いますか？　あなたの考えを書きましょう。

危険予知トレーニング⑭

子どもたちが川のそばで遊んでいます。10分後、救急車が呼ばれました。

なぜ、救急車が呼ばれることになったのでしょうか。あなたが危険だと思うところにチェック（✓）をつけ、その横に番号をつけ、どのように危険か、下に理由を書きましょう。

1 （   ）

2 （   ）

3 （   ）

4 （   ）

5 （   ）

どれが一番危険だと思いますか？　危険だと思う順に番号を書きましょう。

（   ）

あなたはどのように気をつけたらよいと思いますか？　あなたの考えを書きましょう。

ある住宅街で。5分後、救急車が呼ばれました。

なぜ、救急車が呼ばれることになったのでしょうか。あなたが危険だと思うところにチェック（✓）をつけ、その横に番号をつけ、どのように危険か、下に理由を書きましょう。

1（　　　　　　　　　　　　　　　　　　　　　　　　　　　　　）

2（　　　　　　　　　　　　　　　　　　　　　　　　　　　　　）

3（　　　　　　　　　　　　　　　　　　　　　　　　　　　　　）

4（　　　　　　　　　　　　　　　　　　　　　　　　　　　　　）

5（　　　　　　　　　　　　　　　　　　　　　　　　　　　　　）

どれが一番危険だと思いますか？　危険だと思う順に番号を書きましょう。

（　　　　　　　　　　　　　　　　　　　　　　　　　　　　　　）

あなたはどのように気をつけたらよいと思いますか？　あなたの考えを書きましょう。

Ａさん（小学３年生）は、ある男の人から雑誌に載せる写真を撮らせてほしいと言われています。

この後、Ａさんは危険なことに巻き込まれてしまいます。どうなると思いますか？　いくつか考えて下に書きましょう。

1 (　　　　　　　　　　　　　　　　　　　　　　　　　　)

2 (　　　　　　　　　　　　　　　　　　　　　　　　　　)

3 (　　　　　　　　　　　　　　　　　　　　　　　　　　)

4 (　　　　　　　　　　　　　　　　　　　　　　　　　　)

5 (　　　　　　　　　　　　　　　　　　　　　　　　　　)

どれが一番危険だと思いますか？　危険だと思う順に番号を書きましょう。

(　　　　　　　　　　　　　　　　　　　　　　　　　　　)

あなたはどのように気をつけたらよいと思いますか？　あなたの考えを書きましょう。

著者略歴

・宮口幸治（みやぐち こうじ）

立命館大学産業社会学部・大学院人間科学研究科教授．京都大学工学部卒業，建設コンサルタント会社勤務の後，神戸大学医学部医学科卒業．神戸大学医学部附属病院精神神経科，大阪府立精神医療センターなどに勤務の後，法務省宮川医療少年院，交野女子学院医務課長を経て，2016年より現職．医学博士，子どものこころ専門医，日本精神神経学会専門医，臨床心理士，公認心理師．児童精神科医として，困っている子どもたちの支援を教育・医療・心理・福祉の観点で行う「日本COG-TR学会」を主宰し，全国で支援者向けに研修を行っている．

主な著書に『不器用な子どもたちへの認知作業トレーニング』『コグトレ―みる・きく・想像するための認知機能強化トレーニング』『やさしいコグトレ―認知機能強化トレーニング』『もっとやさしいコグトレ―思考力や社会性の基礎を養う認知機能強化トレーニング』『社会面のコグトレ―認知ソーシャルトレーニング』（以上，三輪書店），『1日5分！教室で使えるコグトレ 困っている子どもを支援する認知トレーニング122』『1日5分 教室で使える漢字コグトレ（小学1～6年生)』『学校でできる！性の問題行動へのケア』（以上，東洋館出版社），『不器用な子どもが幸せになる育て方』（かんき出版），『境界知能とグレーゾーンの子どもたち』（扶桑社），『医者が考案したコグトレ・パズル』（SBクリエイティブ），『ケーキの切れない非行少年たち』『どうしても頑張れない人たち』（以上，新潮社）などがある．

・宮口英樹（みやぐち ひでき）

広島大学大学院医系科学研究科教授．同志社大学文学部社会学科（社会福祉学専攻）卒業後，国立善通寺病院リハビリテーション学院を卒業し，作業療法士免許取得．奈良県心身障害者リハビリテーションセンター（現奈良県総合リハビリテーションセンター）を経て，広島県立保健福祉大学（現県立広島大学）講師，2004年より現職．広島大学大学院医学系研究科博士課程満期退学〔博士（保健学)〕．一般社団法人日本作業療法士協会副会長．認知理論をベースとした日常生活機能改善の臨床応用を目指した開発研究を行っている．主な著書に三輪書店から『パーキンソン病はこうすれば変わる！日常生活の工夫とパーキンソンダンスで生活機能を改善』（編著）『不器用な子どもたちへの認知作業トレーニング』（編著）『続 パーキンソン病はこうすれば変わる！病気の理解とパーキンソン・ダンス』（共著）のほか，『認知症をもつ人への作業療法アプローチ』（監修，メジカルビュー社）などがある．

しゃかいめん
社会面のコグトレ
にんち
認知ソーシャルトレーニング①
だんかいしきかんじょう　　　　　　　　　　　　きけんよち　　　　　　　　　　へん
段階式感情トレーニング/危険予知トレーニング編

発　行　2020 年 1 月 31 日　第 1 版第 1 刷
　　　　2021 年 9 月 30 日　第 1 版第 2 刷ⓒ

著　者　宮口幸治・宮口英樹
　　　　みやぐちこうじ　みやぐちひでき

発行者　青山　智

発行所　株式会社 三輪書店
　　　　〒 113-0033　東京都文京区本郷 6-17-9　本郷綱ビル
　　　　TEL 03-3816-7796　FAX 03-3816-7756
　　　　https://www.miwapubl.com

本文イラスト　高橋なおみ

表紙デザイン　早瀬衣里子

印刷所　三報社印刷 株式会社

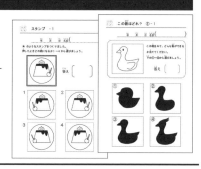